# L'OFFICE ET LA VIE DE St. ROCH.

AVEC PLUSIEURS PRIERES contre les Maladies Contagieuses, & une Instruction sur les dispositions necessaires pour gagner les Indulgences accordées aux ames dévotes à S. ROCH & à S. SEBASTIEN.

A CHATEAUDUN,

Chez Estienne Charles, Imprimeur de la Ville, & Marchand Libraire.

M. DCCX.

*AVEC PERMISSION.*

# L'OFFICE
# ET LA VIE
# DE SAINT ROCH,

## AVEC PLUSIEURS PRIERES
contre les Maladies Contagieuses, &
une Instruction sur les dispositions necessaires pour gagner les Indulgences
acordées aux ames dévotes à S. ROCH
& à S. SEBASTIEN.

DIEU est irrité contre nous à cause de l'énormité de nos pechez. Nous ressentons la pesanteur de son bras par les trois fleaux dont nous sommes frapez, & qui sont dans ce monde les instrumens les plus terribles dont il se sert dans sa colere, lorsqu'il ne voit que de l'iniquité parmi les hommes. Nous ne cessons point de pecher ; & Dieu ne cesse point de nous punir. Ce n'étoit pas assez d'une longue & cruelle guerre, & d'une disette extrême de tous les biens necessaires à la vie, les fiévres pestilentielles, & les autres maladies épidemiques qui ravagent toutes les Provinces du Royaume viennent mettre le comble à la desolation generale.

L'unique remede à tant de maux, c'est d'avoir recours à la priere & à la penitence, de tâcher de convertir Dieu en nous convertissant, & d'opposer à la rigueur de sa Justice l'intercession des saints dont l'Eglise a coutume d'implorer le secours en de semblables calamitez. Il n'y en a point de plus generalement reclamez contre la peste, & les maladies qui regnent, que saint Roch, & saint Sebastien ; & il y a peu de lieux ou l'on ne trouve quelque monument de la veneration des fidelles pour ces deux grands saints.

Comme la Ville de Châteaudun a été plusieurs fois attaquée de la contagion, elle s'est particulierement distinguée par sa devotion à ces deux grands serviteurs de Dieu, qu'elle a toûjours invoquez avec succez.

La pieté des Comtes de Dunois a répondu à celle de cette Ville. Le fameux Jean Bâtard d'Orleans fit bâtir en 1446. une Chapelle en leur honneur dans l'enclos du Château ; l'enrichit de leurs pretieuses Reliques pour la rendre plus venerable, & y mit des Chapelains.

François son fils ayant fait abattre l'ancienne Chapelle du Château qui étoit desservie par les Chanoines reguliers de la Madelaine, pour y construire celle d'aujourd'hui, où il établit des Chanoines seculiers qu'il a fondez, donna des Chanoinies aux Chapélains de la Chapelle de S. Roch & de S. Sebastien ; & dela vient qu'elle est apréfent desservie par les Chanoines de la sainte Chapelle du Château.

Agnez de Savoye belle sœur de Loüis XI. Epouse de François, laquelle prit soin d'achever la sainte Chapelle que ce Prince avoit laissée imparfaite par sa mort, signala sa dévotion à S. Roch & à S. Sebastien pendant quinze années de veuvage qu'elle passa à Châteaudun où elle mourut. Elle alloit très-souvent faire ses prieres à la Chapelle de ces deux grands saints, & y donna de très-riches orn..mens. Cette pieuse Princesse n'ignoroit pas que quel-

que part que nous invoquions les saints,
ils écoutent nos prieres ; mais elle étoit
persuadée avec raison que leur intercef-
sion éclate davantage dans les Temples
qui leurs sont dediez ; & sur tout en ceux
où leurs saintes Reliques reposent ,
étant leurs certain que ces restes sacrez de
corps qui attirent les regards de Dieu,
attirent aussi ses benedictions & ses graces , sur tous ceux qui en les honorant
joignent à la ferveur des prieres la pure-
té du cœur.

C'étoit un concours incroyable de peuple à la Chapelle de S. Roch & de S.
Sebastien du tems de la peste, par le sou-
lagement que les malades y recevoient ;
& il est de tradition dans le païs que les
Prêtres n'y pouvant facilement entrer
pour faire l'Office divin, on fut obligé
de percer une porte derriere l'Autel, que
plusieurs appellent encore aujourd'hui la
porte des pestiferez. Quoiqu'il en soit, la
devotion des habitans de Châteaudun envers saint Roch & saint Sebastien n'a
point fini avec les maladies contagieuses.
Les sept Paroisses y viennent tous les ans
solemnellement en Procession les jours de
la Fête de ces deux grands saints , & la

Confrairie qui est aujourd'hui authorisée par le saint Siege y étoit établie de tems immemorial par la seule pieté des fideles.

C'est à Mr. Vatin Prévôt de la sainte Chapelle du Château qu'on est redevable de la Bulle qui a confirmé en 1644. la Confrairie de saint Roch & de saint Sebastien. Comme il les honoroit avec beaucoup de zéle, il voulut assurer la durée de la Confrairie par l'approbation & les Indulgences qu'il obtint du Souverain Pontife; & il orna même les trois Autels de la Chapelle par la liberalité d'Henry d'Orleans, Duc de Longueville, & Comte de Dunois dont il étoit Aumônier.

## *EXTRAIT DE LA BULLE*
*de notre St. Pere le Pape Innocent X. à tous les Confreres de S. Roch, & de St. Sebastien.*

INNOCENT Evêque & serviteur des serviteurs de Dieu, Salut & benediction Apostolique.

Nous acordons Indulgence pleniere,

1°. A tous fidéles de l'un & de l'autre sexe le jour qu'ils entreront en la Confrairie de St. Roch & de St. Sebastien en leur Chapelle à Châteaudun.

2°. A tous les Confraires qui invoqueront à l'article de leur mort le nom de Jesus de cœur, s'ils ne le peuvent de bouche.

3°. A tous les Confreres qui visiteront devotement ladite Chapelle le jour & Fête de S. Roch, de puis les premieres Vêpres jusqu'au Soleil couché.

Plus, nous acordons sept ans d'Indulgence, & autant de quarantaines à tous les Confrères qui visiteront ladite Chapelle les Fêtes de S. Fabien, & de S. Sebastien, de S. Antoine Abé, de S. Antoine de Padoue, & de la Nativité de la Ste. Vierge.

Plus, nous remettons à tous les Confreres soixante jours de penitence à eux enjointe, ou par eux dûe, en quelque façon que ce soit, autant de fois qu'ils assisteront au service en ladite Chapelle, le jour de la Confrairie; aux assemblées publiques ou particulieres, pour faire quelques œuvres pieuses; qu'ils acompagneront le saint Sacrement porté aux malades; ou s'ils ne peuvent, reciteront pour le malade au son de la cloche, le *Pater* & l'*Ave*; ou assisteront aux Processions ordinaires & extraordinaires de la Confrairie, ou autres aprouvées de

l'Evêque; ou enseveliront les morts; ou
logeront les pauvres Pelerins; ou reconci-
lieront les ennemis; ou remettront en
la voïe de salut quelques dévoyés; & en-
seigneront les Commandemens de Dieu,
& choses necessaires à salut aux ignorans;
ou reciteront cinq fois *Pater*, & *Ave* pour
les ames des Confreres decedés. Donné
à Rome l'an de l'Incarnation de nôtre
Seigneur 1644. l'an premier de nôtre
Pontificat. Signé sur le repli L. RADOUX.
& scellé en plomb.

*Veu & permis de publier. Donné à
Chartres, le 13. Decembre 1644. Signé
B. FERON Vicaire general.*

## AVERTISSEMENT.

LEs Prévôt, Chantre & Chanoines de
la sainte Chapelle de Châteaudun
desirant entrer en societé de prieres avec
les personnes dévotes à S. Roch & S.
Sebastien avertissent qu'ils tiendront un
Registre dans la Chapelle pour recevoir
les noms des fidéles de l'un & l'autre sexe
qui voudront entrer dans la Confrairie, &
que pour entretenir la pieté, & la dévotion envers ces grands saints, il y aura
exposition du S. Sacrement, avec l'Office

folemnel, & Sermon aux jours de leur Fête, fçavoir le 16. Août Fête de S. Roch, & le 20. Janvier Fête de S. Sebaltien.

*INSTRUCTION pour gagner les Indulgences àcordées aux Confreres de de S. Roch, & S. Sebaltien.*

L'Eglife demande des Chrétiens qui entrent dans les Confrairies, deux difpofitions.

Premiérement, elle les avertit, qu'il n'y a que ceux qui font veritablement convertis, ou qui travaillent efficacement à leur converfion, qui puiffent participer aux graces de l'Indulgence ; & ce n'eft qu'en faveur des pecheurs penitens que cette fainte Mere ouvre avec tant de liberalité les trefors de fes graces, qu'elle ferme aux pecheurs impenitens.

L'Eglife n'acorde pas les Indulgences pour flater l'indolence, & la lâcheté de plufieurs chrétiens, qui fe repofent fur ce qu'ils font de certaines Confrairies, fans jamais penfer à expier leurs pechez, & à affûrer leur vocation par la pratique des bonnes œuvres. Cette fage Mere ne pretend pas difpenfer fes enfans de la pe-

nitence ; mais seulement supléer à leur
foiblesse , & à leur impuissance, en les
aidant à aquiter ce qu'ils doivent à la
Justice de Dieu; les engager par ces graces à satisfaire pour leurs pechez avec
plus de ferveur , & à se soumettre volontairement aux saintes rigueurs de la
pénitence , & il ne servira de rien à un
grand nombre de chrétiens que leurs
noms soient écrits sur les livres des Confrairies , si ne vivant pas dans la pratique
de la mortification , ils se trouvent un
jour effacez du livre de vie.

La seconde chose que doivent prati-
quer les Confreres pour gagner les Indulgences, c'est de faire très-exactement tout
ce qui est prescrit par la Bulle de nôtre
S. Pere le Pape Innocent X. parceque ce
sont des conditions ausquelles l'Eglise a
attaché ces graces, & qu'elle n'acorde
qu'à ceux qui les acomplissent fidélement.
Ils doivent s'aprocher des Sacremens de
Penitence , & d'Eucharistie les jours mar-
quez , pour gagner les Indulgences. Ils
doivent encore assister aux Offices que
la Confrairie fait celebrer, & prier selon
l'intention de la Bulle pour l'exaltation de
nôtre mere la sainte Eglise, l'extirpation

des heresies, la conversion des infidé-
les, pour la Paix si necessaire entre les
Princes chrétiens, & pour le salut du
Chef de l'Eglise.

# OFFICE DE S. ROCH.

*Pour les premieres Vépres.*

### ANTIENNES.

**A**Mavit eum Dominus, & ornavit
eum; stolam gloriæ induit eum,
& ad portas paradisi coronavit eum.
*Pseaume,* 109. Dixit Dñus Dñõ meo, &c.

Justus cor suum tradidit ad vigilandum
diluculo ad Dominum qui fecit illum,
& in conspectu altissimi deprecabitur.
*Pseaume,* 110. Confitebor tibi Dñe, &c.

Justum deduxit Dominus per vias rectas, & ostendit illi regnum Dei, & dedit
illi scientiam sanctorum, honestavit illum
in laboribus, & complevit labores illius.
*Ps.* 111. Beatus vir, qui timet Donũm, &c.

Hic vir despiciens mundum, & terrena
triumphans divitias Cœlo condidit ore,
manu.
*Pseaume,* 112. Laudate pueri Dñũm, &c.

Similabo eum viro sapienti, qui ædi-
ficavit domum suam supra petram.
*Ps.* 116. Laudate Dñũm omnes gentes, &c.

## CHAPITRE.

BEatus vir qui inventus est sine ma-
cula : & qui post aurum non abiit,
nec speravit in pecuniæ thesauris : quis
est hic & laudabimus eum ? Fecit enim
mirabilia in vita sua. Deo gratias.

## HYMNE.

ISte Confessor Domini sacratus,
Festa plebs cujus celebrat per orbem,
Hodie lætus meruit secreta,
    Scandere cæli.
  Qui pius, prudens, humilis, pudicus,
Sobrius, castus fuit & quietus,
Vita dum præsens vegetavit ejus
    Corporis artus.
  Ad sacrum cujus tumulum frequenter,
Membra languentum modo sanitati,
Quolibet morbo fuerint gravata,
    Restituuntur.
  Unde nunc noster chorus in honorem,
Ipsius hymnum canit hunc libenter,
Ut piis ejus meritis juvemur
    Omne per ævum.
  Sit salus illi, decus atque virtus,
Qui supra cæli residens cacumen,
Totius mundi machinam gubernat
    Trinus & unus.  Amen.

℣. Ora pro nobis, Beate Confessor Roche.
℞. Ut digni efficiamur promissionibus Christi.

*à Magnificat.*

AVe Roche sanctissime, nobili natus sanguine, Crucis signaris schemate, sinistro tuo latere, Roche peregrè profectus, pestiferos curas tactu, ægros sanas mirificè tangendo salutiferè ; Vale Roche, angelicæ vocis citatus flamine, obtinuisti deificè à cunctis pestem pellere. Alleluia. *Pseaume.* Magnificat, &c.

*Oraison.*

ORÉMUS.

OMnipotens sempiterne Deus, qui meritis & precibus Beatissimi Rochi Confessoris tui, quamdam pestem hominum generalem gratiosè revocasti ; præsta quæsumus, supplicibus tuis, ut qui pro simili peste revocanda, ad tuam confugiunt fiduciam, ipsius gloriosi Confessoris precamine, ab ipsâ infirmitate, & ab omni perturbatione liberentur. Per Dominum nostrum, &c.

*Pour la memoire de St. Sebastien.*

ELegit Dominus virum de plebe, & claritatem visionis æternæ dedit illi, celebramus commemorationem Sebastiani

martyris, gaudium sit in cœlo, & in terra
pax hominibus bonæ voluntatis.

℣. Ora pro nobis beate martyr Sebastiane.

℟. Ut digni efficiamur promissionibus
Christi.

### ORIMUS.

OMnipotens sempiterne Deus, qui
meritis beati Sebastiani martyris tui
gloriosissimi quandam generalem pestem
Epidimiæ hominibus mortiferam revocasti, præsta supplicibus tuis, ut qui pro
simili peste revocanda, ad ipsum sub tua
confidentia confugerint, ipsius meritis
& precibus, ab ipsa peste Epidimiæ, &
ab omni tribulatione liberentur. Per Dominum nostrum Jesum Christum, &c.

*A la Messe.*

### INTROITE.

LÆtabitur justus in Domino, & spe-
rabit in eo, & laudabuntur omnes
recti corde.

*Pseaume.* Exaudi Deus orationem meam
cùm deprecor, à timore inimici eripe
animam meam.

Gloria Patri & Filio & spiritui sancto.
Sicut erat in principio & nunc & sem-
per : & in sæcula sæculorum. Amen.
Lætabitur, &c.

### *Après l'Epitre.*

## GRADUEL.

JUstus ut palma florebit, sicut cedrus libani multiplicabitur in domo Domini.
Ad annuntiandum manè misericordiam tuam, & veritatem tuam per noctem. Alleluia, alleluia.

O Beate Confessor Roche quam magna apud Deum sunt merita tua, quibus credimus nos à morbo Epidimiæ posse liberari, & aëris nobis temperiem concedi. Alleluia.

## OFFERTOIRE.

ROchum Christi Confessorem exoratum fecimus, & preces ad patrem nostrum dirigimus, ut sua intercessione à languoribus Epidimiæ, ac peste saluemur, & aëris temperie potiamur.

### *Après la Communion.*

MAgna est gloria ejus in salutari tuo, gloriam & magnum decorem impones super eum Domine.

### *Pour les secondes Vêpres.*

## ANTIENNES.

JUstum deduxit Dominus per vias rectas, & ostendit illi regnum Dei. *Pseaume,* 109. Dixit Dnús Dnõ meo, &c.

Beatus

Beatus ille servus quem cum venerit Dominus ejus, & pulsaverit januam in-venerit vigilantem.

*Pseaume*, 110. Confitebor tibi Dnĕ. &c.

Fidelis servus & prudens quem consti-tuit Dominus super familiam suam.

*Ps.* 111. Beatus vir, qui timet Dnŭm. &c.

Similabo eum viro sapienti, qui ædi-ficavit domum suam supra petram.

*Pseaume*, 112. Laudate pueri Dnŭm, &c.

Serve bone & fidelis, intra in gau-dium domini tui.

*Ps.* 116. Laudate Dnŭm omnes gentes, &c.

Le Chapitre, l'Hymne, les Versets, les Antiennes, & les Oraisons se chantent comme aux premieres Vêpres.

### *Oraison à S. Roch contre la Peste.*

JE vous saluë, ô Grand S. Roch, qui êtes issu de nobles, & illustres parens, & qui avez été divinement marqué du sceau de la Croix de JESUS-CHRIST qui se trouva gravée sur vôtre Côté au mo-ment de vôtre Naissance. C'est par la ver-tu de ce Signe glorieux que vous n'avez point fait de difficulté de tout quitter, & de vous transporter en divers païs pour urir ceux qui étoient affligez de la

B

pefte, & étant vous-même atteint de cette contagion, vous avez miraculeufement gueri ceux qui en étoient frappez, en leur imprimant feulement le figne de la Croix au Nom du Tout-Puiffant.

O bienheureux S. Roch appellé divinement par une voix angelique, & qui par une grace fpeciale avez obtenu de pouvoir garentir & preferver toutes perfonnes de la pefte, nous implorons la faveur de vos Prieres.

℣. Saint Roch priez pour nous.

℟. Afin que nous puiffions nous rendre dignes des promeffes de nôtre Redempteur.

*Oraifon.*

SEigneur, qui avez promis au bienheureux S. Roch, que celui qui l'invoqueroit ne feroit aucunement atteint, ni bleffé de la pefte, l'un de vos fleaux, & qui lui en avez confirmé la promeffe par écrit, par le miniftere d'un Ange, nous vous fupplions bien humblement que puifque nous le reclamons en notre neceffité, il vous plaife par fes merites, & fon interceffion nous délivrer de la contagion mortelle, tant du corps que de l'ame, au nom de nôtre Segneur Jesus-Christ. Ainfi foit-il.

### Autre Prière à S<sup>t</sup>. Roch.

ILLuſtre S<sup>t</sup>. Roch , que la grace divi-ne affermit contre les vagues des ten-tations , vous ſceutes ſagement dicerner quels ſont les vrais biens, & faire le choix des éternels , mepriſant de bonneheure les dignitez & les richeſſes mondaines. Vous embraſſâtes volontairement les ſouf-frances corporelles, & prîtes l'habit de S<sup>t</sup>. François, pour conſerver votre innocence. Au lieu d'attendre qu'on vous fît la cour dans un Palais, comme on avoit fait à vos ancêtres, vous allâtes faire la cour aux pauvres malades dans les Hopitaux, & Dieu vous fît cette grace, que vous ne les ſoulageâtes pas ſeulement par vos ſoins, mais que vous les guerîtes encore de leurs infirmitez par vos ſeules benedictions. Après beaucoup de peines, & d'adverſitez, conſolé que vous fûtes, Grand Saint, par beaucoup de miracles, vous languîtes cinq ans en priſon, inconnu à vos parens, & de-daignâtes à l'exemple de JESUS-CHRIST de défendre vôtre innocence calomniée; mais le Sauveur que vous aviez aimé ſi tendrement durant vôtre vie ne permit pas que vos ſaintes vertus fuſſent incon-nuës après vôtre mort.

Bienheureux saint, preservez-nous par vôtre intercession envers J. C. de toutes maladies contagieuses, & nous obtenez la grace de n'être point atteint de mort subite.

*Oraison à la sainte Vierge contre la peste.*

STella cœli extirpavit, quæ lactavit Dominum, mortis pestem quam plantavit primus parens hominum; ipsa stella nunc dignetur sydera conpescere, quorum bella plebem cædunt diræ mortis ulcere; ô piissima stella maris à peste succurre nobis, audi nos, Domina, nam filius tuus nihil negans, te honorat, Salva nos, Messia Jesu, pro quibus mater te orat.

℣. Ora pro nobis, sancta Dei genitrix.

℞. Ut digni efficiamur promissionibus Christi,

### OREMUS

DEus misericordiæ, Deus pietatis, Deus Indulgentiæ, qui misertus es super afflictionem populi tui, & dixisti, Angelo percutienti populum tuum, contine manum tuam. Ob amorem illius stellæ gloriosæ, cujus ubera pretiosa contra venenum nostrorum delictorum dulciter suxisti, præsta auxilium gratiæ tuæ, ut ab omni peste, & improvisa morte securè liberemur, & à totius perditionis

incurſu miſericorditer ſalvemur, per te
Jeſu Chriſte, Rex gloriæ, qui vivis &
regnas in ſæcula ſæculorum.

*La même Priere en françois.*

EToille du Ciel qui avez conçû &
allaité celui qui a triomphé de la
mort, & qui avez deraciné la peſte du
peché que nôtre premier pere Adam avoit
planté au milieu des hommes, nous vous
prions de vouloir detourner les mauvaiſes
influences des aſtres qui nous travaillent
d'une cruelle mort, & de nous delivrer
de la peſte, & de toute autre maladie
contagieuſe. Recevez nos prieres, ô Vierge
ſainte, exaucez-nous, conſolation des affligez; votre fils qui vous honore, & qui
ne vous à jamais rien refuſé, ne vous
éconduira pas. Ayez pitié de nous, divin
Jesus, écoutez les prieres que vôtre ſainte
Mere la glorieuſe Vierge vous preſente
pour nous dans cette calamité publique.
℣. Priez pour nous ſainte Mere de Dieu.
℟. Afin que nous ſoyons rendus dignes
des promeſſes de vôtre Fils notre Seigneur.

*Oraiſon.*

DIeu de miſericorde, Dieu de pitié,
Dieu de pardon qui avez eu compaſ-
ſion de votre peuple affligé, & qui avez

dit à l'Ange persecuteur, retiens ton bras, arrêtes-en la furie, nous vous prions qu'en faveur de cette étoille glorieuse votre très-sainte Mere, qui vous a porté dans son sein, vous nous secouriez de votre grace, & nous delivriez de la peste, & de mort soudaine, nous vous en conjurons, ô doux Jesus, Roi de gloire qui vivez & régnez avec le Pere & le saint Esprit, dans l'éternité. Ainsi soit-il.

*Oraison contre la contagion, la guerre & la famine.*

MEdia vita in morte sumus. Quem quærimus adjutorem, nisi te Domine, qui pro peccatis nostris irasceris?

Sancte Deus, sancte fortis, sancte immortalis, miserere nobis.

Ne simul nos perdas, Domine, cum iniquitatibus nostris, neque in æternum iratus reserves mala nobis.

Sancte Deus, sancte fortis, sancte immortalis, miserere nobis.

Quæ utilitas in sanguine nostro, dum descenderimus in corruptionem.

Sancte Deus, sancte fortis, sancte immortalis, miserere nobis.

Non, in justificationibus nostris prosternimus preces ante faciem tuam, sed in miserationibus tuis multis.

Sancte Deus, sancte fortis, sancte immortalis, miserere nobis.

Ne despicias, Jesu, facturam tuam quam redemisti, sed propitius esto forti, & funiculo tuo, quem volunt inimici nostri perdere, atque delere, & converte luctum nostrum in gaudium, ut viventes laudemus nomen tuum, Domine miserere nobis.

Gloria sit Deo, patri, & filio, & spiritui sancto.

Sancte Deus, sancte fortis, sancte immortalis, miserere nobis.

*La même Priere en françois.*

SEigneur, la mort nous surprend au milieu du cours de nôtre vie : mais à qui pouvons-nous avoir recours, si ce n'est à vous, quelque irrité que vous soyez contre nous, à cause de nos pechez,

Dieu saint, Dieu des armées & tout puissant, Dieu saint & immortel, ayez pitié de nous.

Ne nous perdez pas, Seigneur, avec nos fautes, detournez de sur nous les traits vengeurs de vôtre juste colere, & que les maux infinis d'une éternité malheureuse, ne soient pas preparez pour nous.

Dieu saint, Dieu des armées, & tout puissant, Dieu saint, & immortel ayez pitié de nous,

Seigneur, que vous reviendra-t'il de la perte de notre vie, quelle utilité retirerez-vous, quand vous nous aurez precipitez dans les horreurs du tombeau par une mort prematurée.

Dieu saint, Dieu des armées, & tout puissant, Dieu saint, & immortel, ayez pitié de nous.

Ce n'est point, helas, sur nos merites, que nous nous appuions, indignes pecheurs que nous sommes, quand abatus devant votre face, sous le poids de tant de sortes de malheurs qui nous accablent; nous vous offrons, Seigneur, nos larmes, & nos prieres; nous n'avons de ressource, n'y d'esperance qu'en la multitude infinie de vos misericordes.

Ne méprisez pas, Doux Jesus, l'ouvrage de vos mains, que vous avez racheté par votre pretieux sang; mais ayez pitié de vos élus, & de votre heritage, que nos ennemis veulent ruiner, & convertissez nos pleurs en joye, afin, Seigneur, que vivant nous exaltions votre saint nom.

# LITANIES DE SAINT ROCH.

Kyrie eleïson. Christe eleïson.
Kyrie eleïson.
Christe audi nos.      Christe exaudi nos.
Pater de cœlis Deus, Miserere nobis.
Fili Redemptor mundi Deus,  Miserere
      nobis.
Spiritus sancte Deus,        Miserere nobis.
Sancta Trinitas unus Deus, Miserere nobis.
Sancte Roche,            Ora pro nobis.
Sancte Roche amice Dei singularis, ora.
Sancte Roche crucis signo nascendo si-
      gnatè,                ora pro nobis.
Sancte Roche crucis amator ardentissime,
      ora pro nobis.
Sancte Roche divitiarum & honorum
      contemptor,            ora pro nobis.
Sancte Roche Regni Cœlorum raptor
      violentissime,          ora pro nobis.
Sancte Roche exemplar charitatis, ora.
Sancte Roche exemplar misericordiæ, ora.
Sancte Roche exemplar patientiæ,  ora.
Sancte Roche exemplar constantiæ, ora.
Sancte Roche exemplar humilitatis,  ora.
Sancte Roche tertii ordinis, sancti Fran-
      cisci gloria,            ora pro nobis.

Sancte Roche, sancti Francisci imitator
fidelis,                      ora pro nobis.
Sancte Roche peste laborantium curator
mirifice,                      ora pro nobis.
Sancte Roche miraculorum gloria conf-
picue,                      ora pro nobis.
Sancte Roche Præsidium omnium ad te
clamantium,                ora pro nobis.
Qui patres Concilii Constantiensis à peste
præservasti,               ora pro nobis.
Qui jugum Domini ab adolescentia
portasti,                    ora pro nobis.
Qui in sola cruce Christi gloriatus es, ora.
Qui omnia pro Christo lucrando, bona,
honores, patriam, cognatos, & ami-
cos, dereliquisti,         ora pro nobis.
Qui omnibus ignotus, soli Deo notus vi-
xisti,                      ora pro nobis.
Ut à peste & febribus malignis libere-
mur,                     ora pro nobis.
Ut fruamur sanitate mentis & corporis, o.
Sancte Roche,             ora pro nobis.
Sancte Roche,             ora pro nobis.
Sancte Roche,         intercede pro nobis.

**OREMUS.**

Deus qui es gloriosus in gloria Sanctorum, & cunctis ad eorum pa-

crocínia confugiéntibus, suæ petitionis
falutárem præstas efféctum, concéde plebi
tuæ, ut intercedénte beáto Rocho con-
feffóre tuo, cujus celebritáti devótam fe
éxhibet, à languóre epidímiæ, quam in
fuo córpore, pro tui nóminis glória paf-
fus eft, fit libera, & tuo nómini fem-
per fit devóta. Per Chriftum Dóminum
noftrum. Amen.

*La même Oraifon en françois.*

SEigneur qui tirez votre gloire de
celle de vos faints, & qui écoutez
favorablement les prieres de tous
ceux qui les reclamént, acordez-nous
s'il vous plaît, que par l'interceffion du
bienheureux faint Roch dont nous fo-
lemnifons la Fête avec dévotion, nous
foyons garantis de la maladie épidemi-
que qu'il a foufferte lui-même pour vôtre
gloire, & que nous glorifions toûjours
vôtre faint nom. Par nôtre Seigneur
JESUS-CHRIST. Ainfi foit-il.

# LA VIE
# DE SAINT ROCH
## CONFESSEUR

*QUI naquit l'an 1295. & mourut l'an 1327. sous le Pontificat de Jean 22. Loüis de Baviere étant Empereur, & Philippe VI. Roy de France.*

SAint Roch Confesseur, étoit natif de Montpellier en Languedoc, de parens nobles, riches, & Seigneurs de la Ville. Son pere avoit nom Jean, & sa mere Libere. Il apporta du ventre de sa mere la marque de la Croix sur son côté droit. Dés son enfance il montra une grande inclination à la vertu : car en l'âge de douze ans, il commença à mâter son Corps par le jeûne & la penitence, domptant ses inclinations & ses passions. Ses parens étant decedés, il vendit tout ce qu'il put des grands biens qu'il avoit, & en donna l'argent aux Pauvres.

Ayant pris l'habit du tiers ordre de S. François, il laissa le gouvernement de sa

Seigneurie à un sien oncle, & quittant sa
maison, ses parens & ses amis, il s'en
alla en Italie habillé en pauvre Pelerin
pour visiter les saints lieux de Rome.
Etant arrivé à Aquapendente, il y trouva
plusieurs personnes frappées de la peste.
il s'en alla à l'Hôpital, & se mit avec
l'Administrateur, nommé Vincent, pour
servir les Pauvres, & faisant le signe de
la croix sur les pestes & les charbons, il
les guerissoit tous. Il en fit autant à
Rome, à Cesame, à Plaisance & en
plusieurs Villes d'Italie, où il guerit avec
le signe de la croix plusieurs personnes
qui étoient frapez de peste à mort ; ce
qui donnoit de l'admiration à tous ceux
qui le voyoient, & lui attiroit des remer-
ciemens infinis de ceux qu'il guerissoit.
Neanmoins de peur qu'il ne se glorifiât des
merveilles que Dieu operoit par lui, pour
acroître sa Couronne par la patience, &
lui faire avoir plus de compassion pour les
pauvres malades par l'experience de ce qu'il
souffriroit en lui-même, nôtre Seigneur
l'avertit qu'il seroit travaillé d'une grosse
fiévre chaude, & permit aussi qu'il fût
frapé d'une fléche au travers de la cuisse.
Il suporta ce mal avec une joye, & une

patience admirable ; & étant gueri, il prit resolution de retourner en son Païs au même état qu'il en étoit sorti. Par les chemins il fut atteint d'une nouvelle maladie, & se trouvant seul dans les bois, il se coucha sous un arbre, inconnu aux hommes : mais cheri & consolé de Dieu, qui pour montrer qu'il n'abandonne jamais les siens, fit que le chien d'un Gentilhomme de la auprès lui aportoit tous les jours du pain de la table de son Maître suffisamment pour le nourrir.

Enfin il retourna en la Ville de Montpellier, qu'il trouva en combustion, & toute la Province en armes. Le peuple qui vit le saint en cet habit, le prit pour un espion : il fut mis en prison, sans que son oncle le reconnût, aussi il ne se fit pas connoître à lui, se laissant outrager de ses propres sujets, & étant bien aise d'endurer beaucoup pour nôtre Seigneur. Il demeura cinq ans en cette prison avec une admirable constance, au bout desquels il fut frapé de la peste ; & sentant aprocher la fin de son Pelerinage, il s'arma des saints Sacremens de l'Eglise, & se prepara à la mort. Avant que de rendre l'Esprit à Dieu, il le suplia instamment que tous ceux qui seroient frapez de cette contagion, & qui l'invoqueroient, & le prendroient pour intercesseur en fussent gueris & délivrés.

Le Saint mourut âgé de 32. ans : après son décez on trouva un écriteau sur son Corps, qui contenoit ces mots. *Ceux qui seront frapez de peste, & imploreront la faveur de saint Roch seront gueris.* Cela fit connoître à son oncle qui étoit celui qu'il avoit si long-tems tenu en prison, & traité en espion. Il fit enlever son Corps saint avec une extrême regret, qui fut solemnellement enterré en l'Eglise. Depuis ce tems le peuple lui a toûjours porté une grande dévotion, comme à un saint, l'invoquant en toutes ses tribulations, specialement dans les maladies contagieuses de la peste.

Son oncle lui fit bâtir une belle Eglise, où Dieu a fait de grands miracles par l'intercession & les merites de ce grand saint, les maladies Pestilentieuses cessant aussi-tôt qu'on l'avoit reclamé. Outre les bienfaits que l'on recevoit de saint Roch, la dévotion du peuple s'augmenta encore par ce qui arriva en la Ville de Constance l'an 1414.

Un Concile general étant assemblé à Constance en Allemagne pour condamner l'heresie des Grecs, cette Ville se trouva attaquée d'une peste si violente que tous les Prelats resolurent de se retirer : mais un jeune homme inspiré de Dieu, dit qu'il y avoit un saint nommé Roch extrèmement reveré en France, & que Dieu par ses merites guerissoit ceux qui étant frapez de peste avoient recours à son intercession, qu'ainsi les Peres du Concile devoient s'adresser à lui. Ils suivirent ce conseil, & après s'être preparés à une action si solemnelle par des prieres & des jeûnes, ils porterent son Image en grande ceremonie dans une Procession generale. Il n'est pas croyable combien promptement cette Ville fut délivrée d'un fleau redoutable. Cela fit connoître non seulement à l'Allemagne ; mais aussi à toutes les Provinces qui avoient envoyé des Evêques à cette Assemblée, le merite de ce grand saint & son pouvoir auprès de Dieu, & l'Italie l'ayant comme recouvré par une si heureuse rencontre, a consacré en tant de lieux à son honneur des Eglises & des Chapelles, & il s'y fait  nt de Miracles qu'il seroit difficile de l

*FIN.*

www.ingramcontent.com/pod-product-compliance
Lightning Source LLC
Chambersburg PA
CBHW071419030726
47594CB00006B/2494